Inhalt

Japan öffnet die Geldschleusen - billiger Yen soll Exporten auf die Sprünge helfen

Kernthesen

Beitrag

Fallbeispiele

Weiterführende Literatur

Impressum

Japan öffnet die Geldschleusen - billiger Yen soll Exporten auf die Sprünge helfen

Robert Reuter

Kernthesen

- Die neu gewählte Regierung Japans will die seit zwei Jahrzehnten bestehende Deflation endlich beenden.
- Zudem soll eine expansive Geldpolitik der Notenbank den schon seit Monaten im Sinkflug begriffenen Yen weiter schwächen, um so die Exportwirtschaft zu beflügeln.
- Derzeit ist allerdings noch nicht viel davon zu sehen, dass der neue Kurs Erfolg bringen könnte.

Beitrag

Geduldete Deflation

Die neu gewählte japanische Regierung will das wirtschaftlich seit Jahren schlingernde Land endlich aus der Krise führen. Schon seit 1994 leidet Nippon unter einer Deflation, zu der sich 2008 ein überaus starker Yen gesellte, der nun auch noch den Export erschwert. Vorherige Regierungen haben die Deflation, trotz ihrer hemmenden Wirkung auf Konsum und Investitionen, mehr oder weniger toleriert. Auch die Notenbank, die Bank of Japan, kämpfte immer nur halbherzig gegen den Preisverfall. Die fehlende Wachstumsdynamik der japanischen Volkswirtschaft wurde dabei in Kauf genommen, denn die Deflation brachte im Gegenzug eine zwar stagnierende, dafür aber stabile konjunkturelle Lage mit sich. Dieses Modell stieß jedoch an seine Grenzen, als der starke Yen die Exporterfolge des Landes zunichte machte. 2011 wies die japanische Handelsbilanz erstmals seit 30 Jahren ein Defizit aus, 2012 stieg das Außenhandelsdefizit auf Rekordniveau an. Viele Volkswirte sehen die japanische Wirtschaft, die noch vor 20 Jahren Europa und die USA mit ihrer Exportstärke in Angst und Schrecken versetzte, nun in einem Überlebenskampf. (1)

Neuer Kurs der Notenbank

Frischen Wind in die verfahrene Situation bringt der erst im Dezember gewählte Premier Shinzo Abe. Neben einem Konjunkturprogramm in Höhe von zehn Billionen Yen verordnete er der notorisch inflationsfeindlichen Bank of Japan einen neuen Kurs. Trotz einiger Widerstände hat die Notenbank das erst vor einem Jahr eingeführte Inflationsziel von einem auf zwei Prozent erhöht. Zudem kündigte die Bank unbegrenzte Anleihenkäufe ab 2014 an, womit sie dem Kurs der Europäischen Zentralbank folgt. Die Leitzinsen liegen mit null bis 0,1 Prozent auf extrem niedrigen Niveau. Die auch in Japan heilige Unabhängigkeit der Notenbank ist durch die massive Einflussnahme der Politik freilich stark beschädigt worden. (1)

Angst vor dem Währungskrieg

Über die neue Inflationstoleranz hinaus scheint es der japanischen Regierung ernst damit zu sein, den Yen gegenüber anderen Währungen künstlich abzuwerten, um über eine billigere Währung den Export anzukurbeln. In britischen Zeitungen ist darum in den letzten Wochen häufig von einem drohenden Währungskrieg zu lesen. Zwar haben die

20 führenden Industrienationen (G 20) bei ihrem Gipfel vor wenigen Tagen in platter Rhetorik solche Bestrebungen als nicht förderlich zurückgewiesen. Gleichwohl wurde in Moskau die nicht unerhebliche Einschränkung formuliert, dass eine Abwertung, die "nur" aus einer expansiven Geldpolitik herrührt, erlaubt sein soll. Mit dieser Formulierung wurde ein drohender Abwertungswettlauf allerdings nicht abgewendet, sondern allenfalls übertüncht.

Insgeheim ist klar, dass Japan eine Abwertung des Yen anstrebt, genauso klar ist die Tatsache, dass China mit seiner eigenen Währung diesen Kurs schon lange verfolgt. Schon seit Wochen ist der Yen darum auf Talfahrt. Seit November fiel er zum Dollar um elf Prozent, zum Euro sogar um 15 Prozent. Bundesfinanzminister Schäuble und Wirtschaftsminister Rösler haben sich gegenüber den Bestrebungen sehr gelassen, ja fast desinteressiert gezeigt, wofür die Exporterfolge der deutschen Wirtschaft den Grund liefern könnten. Ob sich die deutsche Exportstärke auch beweisen kann, wenn neben China und Japan auch noch die USA gegenüber dem starken Euro auf einen Selbstschwächungskurs einschwenken, ist allerdings eine offene Frage. (7), (8)

Trends

Notenbanken ändern den Fokus

Immer mehr Notenbanken werfen die Geldpresse an, wodurch die Inflationsgefahr weltweit wächst. Mit der Bank of England, der amerikanischen Fed und der Bank of Japan sind gleich drei der vier wichtigsten westlichen Notenbanken auf einen inflationstoleranten Kurs eingeschwenkt. So hat Fed-Chef Ben Bernanke die Prioritäten seines Hauses Ende 2012 ganz offiziell verschoben. Der gesetzliche Doppelauftrag der Fed, für Beschäftigung und für Preisstabilität zu sorgen, soll bis auf Weiteres auf die Beeinflussung des Arbeitsmarktes reduziert werden. Zwar sind akute Inflationsgefahren in den USA derzeit noch nicht zu erkennen, doch ist davon auszugehen, dass die Fed eine beschleunigte Teuerung hinnehmen würde.

Auch die Bank of England ist augenscheinlich bereit, höhere Inflationsrisiken in Kauf zu nehmen, um der lahmenden Konjunktur auf die Sprünge zu helfen. Die Bank hat kürzlich verkündet, dass die eigentlich für 2014 anvisierte Absenkung der Inflation unter die Zielmarke von zwei Prozent erst 2016 erreicht werden soll. Auch die Aussicht, dass die Inflation im dritten Quartal dieses Jahres wohl auf die Spitzenmarke von 3,2 Prozent klettern wird, ändert nichts am Beschluss der BoE. Bisher hat die Bank über Anleihekäufe bereits 375 Milliarden Pfund in die Wirtschaft gepumpt.

Noch nicht auf Inflationskurs ist die Europäische Zentralbank, in der es allerdings etliche Banker gibt, die sich von einer höheren Geldentwertung positive Effekte auf die Wirtschaft im Euroraum versprechen. Der neue EZB-Chefvolkswirt Peter Praet hat sich allerdings erst kürzlich vehement gegen solche Experimente ausgesprochen. (3), (4)

Fallbeispiele

Japan meldet Rekord-Handelsdefizit

Mit einem Minus von 58 Milliarden Euro hat die Exportnation Japan 2012 das größte Handelsdefizit ihrer Geschichte eingefahren. 2011 hatte es das erste Defizit seit 1980 gegeben, wofür aber die Produktionsausfälle infolge der Tsunami-Katastrophe verantwortlich gemacht wurden. 2012 war es der schwache Export, der für das hohe Minus sorgte. Allein im Dezember gingen die japanischen Ausfuhren um 5,8 Prozent zurück und fielen damit den siebten Monat in Folge. Ganz anders ist die Situation in Deutschland: Von 2011 auf 2012 stieg der Außenhandelsüberschuss sogar noch einmal an, nämlich von 204 auf 218 Milliarden Dollar. Nach Ifo-Berechnungen weist nur Exportweltmeister China mit 234 Milliarden Dollar einen noch höheren Überschuss aus. (2)

Japans Wirtschaft schrumpft

Trotz der Geldschwemme schrumpft die Wirtschaft in Japan noch immer. Das Bruttoinlandsprodukt sank im vierten Quartal 2012 um 0,1 Prozent. Die Maßnahmen der Politik und der Notenbank scheinen damit noch keine Wirkung zu zeigen, was internationale Volkswirte überrascht hat. Von der Nachrichtenagentur Reuters befragte Experten hatten Japan zum Jahresende ein Wachstum von 0,1 Prozent zugetraut. Wirtschaftsminister Akira Amari geht allerdings davon aus, dass sich infolge der Konjunkturprogramme und der schneller rotierenden Notenpresse eine baldige Erholung einstellen wird. (5)

Gute Stimmung in den Unternehmen

Bei den exportabhängigen japanischen Unternehmen sorgt der Kurswechsel der Notenbank schon jetzt für gute Stimmung. Abzulesen ist die optimistische Stimmung auch am Verhalten der Anleger, die dem

Leitindex Nikkei seit November einen Kursanstieg um rund 30 Prozent verschafften. Der Automobilhersteller Toyota hatte am Jahresende einen rasanten Endspurt hingelegt und erhöhte seine Prognose für 2013 genauso wie die Industrieschwergewichte Mazda, Fuji und Mitsubishi Heavy Industries. Sogar der angeschlagene Elektronikriese Sony präsentierte schwarze Zahlen. (1)

Hedgefonds wollen am sinkenden Yen verdienen

Der schwache Yen hat bereits einige Hedgefonds auf den Plan gerufen, die an Wetten auf weiter fallende Wechselkurse Geld verdienen. Bekannt ist, dass die Investorenlegende George Soros, Greenlight Capital und Third Point auf einen weiter schwachen Yen wetten. (6)

Weiterführende Literatur

(1) Yen-Verfall bringt Japan in Schwung
aus manager-magazin.de vom 07.02.2013

(2) Japan meldet Rekord-Handelsdefizit
aus manager-magazin.de vom 24.01.2013

(3) Sag niemals nie Notenbanken. Die internationale

Geldpolitik erlebt einen radikalen Umbruch. Immer mehr Währungshüter sind bereit, für zusätzliches Wachstum einen kleinen Inflationsschub in Kauf zu nehmen. Verlierer könnten die Sparer sein
aus Capital Nr. 2

(4) Japan weiter im Bann des Yens
aus Finanz und Wirtschaft vom 13.02.2013, Seite 25

(5) Japan steckt weiter in Rezession fest
aus WirtschaftsWoche online vom 2013-02-14

(6) Soros wettet erfolgreich gegen Japans Währung
aus SPIEGEL ONLINE

(7) Und keiner geht hin
aus Süddeutsche Zeitung, 16.02.2013, Ausgabe Deutschland, S. 21

(8) Wechselhaft
aus Süddeutsche Zeitung, 16.02.2013, Ausgabe München, Bayern, Deutschland, S. 21

Impressum

Japan öffnet die Geldschleusen - billiger Yen soll Exporten auf die Sprünge helfen

Bibliografische Information der deutschen Nationalbibliothek

Die Deutsche Nationalbibliothek verzeichnet diese Publikation in der deutschen Nationalbibliografie; detaillierte bibliografische Daten sind im Internet über http://dnb.d-nb.de abrufbar.

ISBN: 978-3-7379-1698-1

© 2015 GBI-Genios Deutsche Wirtschaftsdatenbank GmbH, Freischützstraße 96, 81927 München, www.genios.de

Alle Rechte vorbehalten. Dieses Werk ist einschließlich aller seiner Teile – z.B. Texte, Tabellen und Grafiken - urheberrechtlich geschützt. Jede Verwertung außerhalb der Grenzen des Urheberrechtsgesetzes bedarf der vorherigen Zustimmung des Verlags. Dies gilt insbesondere auch für auszugsweise Nachdrucke, fotomechanische

Vervielfältigungen (Fotokopie/Mikroskopie), Übersetzungen, Auswertungen durch Datenbanken oder ähnliche Einrichtungen und die Einspeicherung und Verarbeitung in elektronischen Systemen.